Navegando por las nuevas fronteras de la psicología

Desorden de Estrés Postraumático, Burnout, Schizofrenia y Suicidio

Giacinto D'URSO

INDICE

PRÓLOGO

Querido lector,

Gracias por elegir leer este libro electrónico. Es "un cuaderno" compilado durante estos largos meses de restricciones que se hicieron necesarias para contrarrestar la propagación de COVID-19.

El objetivo ha sido reunir, sintetizar y comentar los resultados de algunos de los estudios más recientes con los que los expertos han tratado de aclarar los complejos mecanismos de funcionamiento del desorden de estrés postraumático, la esquizofrenia, el síndrome de agotamiento y el fenómeno del suicidio. De hecho, es un hecho ampliamente compartido que, en algunos casos, las terapias o medidas de prevención aplicadas no son muy eficaces y que "el problema" tiende a reaparecer a lo largo de los años en formas cada vez más graves, limitando la calidad de vida del individuo y agotando la capacidad de recuperación de su familia.

La investigación científica de los últimos años está avanzando rápidamente en el sector instrumental, en la esfera de la epigenética y la neurobiología, alcanzando niveles de conocimiento que facilitarán cada vez más la prevención, el diagnóstico y el tratamiento de los pacientes.

Por consiguiente, es sumamente importante tratar de mantenerse al día y poder comprender el conjunto de dinámicas que en nuestro organismo contribuyen a la manifestación de estos trastornos tras la exposición a un entorno complejo.

En este escenario, el psicólogo puede desempeñar un papel decisivo, tomando iniciativas que le permitan ser uno de los protagonistas de la asistencia sanitaria y social nacional, también a través de intervenciones que puedan combinar habilidades multidisciplinares.

Al hojear este e-book encontrarás 4 capítulos, cada uno independiente del otro. Le sugiero que las lea libremente, asimile el contenido y piense en cómo pueden ser útiles para su profesión. La extensa bibliografía le permitirá realizar los estudios exhaustivos que considere necesarios.

Ahora es el momento de comenzar este viaje.

¡Feliz lectura!

Desorden de estrés postraumático

El desorden de estrés postraumático (PTSD) es una enfermedad psiquiátrica compleja que tiene el trauma como agente etiológico y un cuadro sintomático complejo con grandes áreas de superposición con otras patologías. Este desorden, inicialmente asociado con el uso de soldados en operaciones militares, se está volviendo cada vez más común debido a la recurrencia de accidentes graves, violencia privada, actos criminales/terroristas, emergencias sanitarias y desastres naturales que pueden hacer que un individuo o una comunidad entera experimente un miedo y un terror severos.

El diagnóstico de PTSD se realiza mediante la comprobación de los criterios descritos en la quinta edición del Diagnostic and Statistical Manual of Mental Disorders (APA, 2013), utilizando herramientas de evaluación como la Clinician-Administered PTSD Scale (Weathers et al., 2018). Por el momento, el tratamiento de elección para el trastorno es la psicoterapia, que permite desensibilizar los pensamientos desagradables y angustiosos relacionados con el trauma y activar las redes neuronales necesarias para transitar la memoria traumática desde la corteza prefrontal, donde permanece emocionalmente activa, hasta la corteza parietal, donde se procesa y almacena como un evento pasado.

A este respecto, una serie de investigaciones publicadas durante el año 2020 parecen haber identificado algunas novedades que podrían tener un desarrollo interesante, contribuyendo a mejorar la comprensión de la fenomenología del PTSD, las actuales capacidades de evaluación de riesgos, la identificación de marcadores de diagnóstico eficaces y nuevas estrategias terapéuticas.

Estudios instrumentales

Los analistas (Laxminarayan & al, 2020) utilizaron la técnica del electroencefalograma para monitorear a un grupo de veteranos americanos (con y sin TEPT) durante las horas de sueño en dos días consecutivos. Las investigaciones realizadas les permitieron identificar ciertas variaciones en las ondas eléctricas del cerebro que resultaron ser recurrentes en sujetos con TEPT. Por consiguiente, los expertos pudieron elaborar un modelo que podría facilitar el futuro examen de las personas en situación de riesgo (bomberos, enfermos de cáncer, personal médico de emergencia en caso de accidentes, agentes de policía, etc.) e identificar a los afectados por el trastorno con un buen margen de certeza. Sin embargo, el procedimiento elaborado requiere una fase adicional de experimentación para verificar su fiabilidad también en casos de comorbilidad con otros tipos de trastornos que, como en el caso de la depresión, tienen un cuadro sintomatológico similar al del PTSD.

Otras líneas de investigación se han centrado en el análisis del grosor o el volumen de las áreas de la corteza cerebral, creyendo que la detección de cualquier anormalidad puede ser igualmente útil para el diagnóstico del TEPT, especialmente en casos de comorbilidad con otros trastornos psiquiátricos. En particular, un estudio de EE.UU. (Ross & al, 2020), sometiendo a una gran muestra de individuos a imágenes de resonancia magnética estructural, encontró que el trauma en la infancia y el PTSD están asociados respectivamente con cambios en el espesor

- de la corteza cingular medial;

- del surco intraparietal bilateral y del giro angular izquierdo, mientras que una encuesta (Wang & al, 2020) realizada a más de 1300 individuos con PTSD mostró una contracción en el volumen del giro orbitofrontal lateral izquierdo y derecho.

La fenomenología del PTSD, que ya está afectada por el funcionamiento anormal de las áreas responsables de la gestión de las emociones, también se caracteriza por alteraciones corticales que limitan el procesamiento sensorial y el funcionamiento cognitivo adecuados. Estas circunstancias inducen al sujeto a sentirse en peligro (déficits en los procesos de resolución de problemas y de evaluación/ identificación de contextos seguros) y a asumir comportamientos que no son coherentes con las circunstancias (déficits en el proceso de toma de decisiones), además de caracterizarse por un umbral atípico de reactividad e impulsividad.

Neurobiología y epigenética del PTSD

Una investigación muy reciente (Yang & al, 2020) realizada en veteranos de las Fuerzas Armadas de los Estados Unidos ha permitido identificar los biotipos a los que se asocian las metilaciones genéticas que son claramente responsables de la manifestación de los síntomas del trastorno de estrés postraumático. Un análisis post-mortem (Girgenti & al, 2020) del tejido de la corteza prefrontal también reveló diferencias en la expresión genética en sujetos diagnosticados con TEPT. Esas diferencias se referían al gen sináptico interneurona ELFN1 (las interneuronas son células del sistema nervioso central que se encargan de coordinar, modular e integrar la información y que desempeñan una acción inhibidora de la actividad neuronal) y a la microglia (macrófagos presentes en el sistema nervioso central) cuya disfunción contribuye a la limitación de la calidad del sueño, las funciones cognitivas, la capacidad de aprender y concentrarse, así como al aumento de la propensión a la impulsividad, el alto nivel de hipervigilancia y las exageradas respuestas de alarma.

n cambio, una investigación ulterior (Smith y otros, 2020) ha observado en una gran muestra de casos de Desorden de Estrés Postraumático (alrededor de 2000 entre militares y civiles), un funcionamiento anormal del sistema inmunológico y un cuadro inflamatorio articulado asociado con la metilación del receptor represor del hidrocarburo arilo (AHRR), probablemente causado o relacionado con un cambio inverso en el nivel de kinerunina con respecto al de cotinina medido (presumiblemente porque la muestra incluía fumadores o personal previamente expuesto ocupacionalmente a un denso ambiente de trabajo de carbón, emisiones de automóviles, gases de escape industriales y polvo urbano).

Los autores de la investigación (Haiyin Li y otros, 2020) del Centro de Adicciones y Salud Mental de Toronto, al explorar los mecanismos moleculares que subyacen al PTSD, encontraron que en los sujetos expuestos a un alto estrés y a eventos traumáticos tiende a aumentar la presencia de un complejo proteínico llamado GR-FKBP51 que, después de un tiempo, sigue permaneciendo en niveles altos sólo en aquellos que desarrollan el desorden. La situación verificada ha llevado a los investigadores a creer que este complejo proteico puede ser utilizado como biomarcador de diagnóstico y a desarrollar un péptido capaz de limitar su formación, favoreciendo la prevención y el tratamiento del desorden.

Desde hace mucho tiempo se sabe que el estrés causa hiperactividad del sistema endocrino y, por lo tanto, una mayor producción de hormonas que desempeñan un papel importante en los procesos de activación fisiológica del organismo tras la exposición a una amenaza. Normalmente, nuestro cuerpo es capaz de restaurar una situación de equilibrio. Cuando esto no sucede, la perpetuación del estado de activación puede determinar "disfunciones" que pueden afectar significativamente al estado de salud y bienestar. En esta perspectiva, es posible formular la hipótesis de que el aumento de la presencia del complejo GR-FKBP51 puede contribuir a determinar en los sujetos implicados en acontecimientos traumáticos y/o sometidos a un fuerte estrés emocional las anomalías funcionales de las zonas del cerebro encargadas de procesar los estímulos emocionales, la evaluación/identificación de los contextos seguros y la definición del umbral de reactividad emocional que se observa repetidamente en los estudios realizados con técnicas de neuroimagen.

En conclusión, los estudios examinados han introducido ciertamente una perspectiva intrigante, aunque merecen una mayor investigación y confirmación científica mediante la réplica de los fenómenos observados. A este respecto, se espera que se desarrollen nuevas líneas de investigación científica que permitan, mediante la integración de los conocimientos médicos, psicológicos y sociales, investigar con una perspectiva más amplia el complejo mecanismo que determina la manifestación del PTSD e identificar las líneas de acción más adecuadas para su prevención, diagnóstico y tratamiento.

¿Cómo puede intervenir el psicólogo?

El psicólogo puede jugar un papel muy importante en situaciones de emergencia, en el diagnóstico y tratamiento del PTSD. Estas actividades también incluyen la prevención, que tiene importantes implicaciones organizativas y socio-sanitarias, dadas las responsabilidades que la legislación actual asigna al empleador para proteger la salud del trabajador y la carga que la aparición del desorden o enfermedad determina en el sistema de salud.

Por esta razón, el psicólogo puede ser el promotor de intervenciones de piscoeducación dirigidas a mantener un estilo de vida saludable (incluyendo el ejercicio físico, la higiene del sueño, la nutrición adecuada), el apoyo al apoyo social familiar y el contexto sociocultural de pertenencia que ofrecen la posibilidad de contar con un sistema de relaciones sociales y emocionales sólidas y soluciones alternativas para el manejo de la adversidad. Además, se le da especial importancia:

- la formación de los líderes que cada vez más deben tener la capacidad de comprender su impacto en los demás y, por consiguiente, dominar los diferentes estilos de liderazgo en relación con las necesidades, los recursos humanos disponibles y los resultados que deben alcanzarse. Los dirigentes de este tipo son conscientes (se conocen a sí mismos y al contexto social en el que actúan) y están dotados de cualidades (capacidad de gestionar las relaciones, de escuchar, de guiar e inspirar, transmitiendo optimismo y entusiasmo, empatía, etc.) que los convierten en un sólido punto de referencia para los empleados en tiempos de dificultad;

- el perfeccionamiento profesional, incluidas las actividades prácticas que le permiten experimentar situaciones difíciles en un ambiente controlado. Esto mejora la autoestima, la confianza en los demás y anima a encontrar nuevas soluciones para superar la adversidad;

- la realización de actividades de capacitación para mejorar la gestión del estrés y las emociones, la comunicación eficaz y la capacidad de escuchar activamente, la gestión de conflictos y las relaciones interpersonales, la capacidad de tomar decisiones, la solución de problemas, la empatía y la conciencia de sí mismo.

BIBLIOGRAFÍA

American Psychiatric Association (2013): Diagnostic and Statistical Manual of Mental Disorders, Washington, DC, American Psychiatric Assossation (5th ed.). Trad. it. DSM5: manuale diagnostico e statistico dei disturbi mentali, Milano, Raffaello Cortina Editore, 2014.

D'Urso, G., Il duplice ruolo de sonno nell'ambito del disturbo da stress   post traumatico. Passerino Editore Ed. 2019 .

D'Urso G., Disturbo da stress post traumatico. Rivista Informazioni della Difesa n. 5-2019.

D'Urso, G. e Rucco, G., Guida informativa per la prevenzione e la gestione dello stress e dei disturbi correlati nell'ambito della professione veterinaria. Passerino Editore, 2019.

D'Urso, G. e Corona, P.F., Resilienza. Il ruolo della resilienza nel settore delle risorse umane. Rivista Informazioni della Difesa n. 4-2020.

Girgenti, M.J., Wang, J., Ji, D. *et al.* Transcriptomic organization of the human brain in post-traumatic stress disorder. *Nat Neurosci* **24,** 24–33 (2021). https://doi.org/10.1038/s41593-020-00748-7

Haiyin, L., Ping, S., Terence, K.Y. L., Anlong, J., Jing, L., Dongxu., Z. et al. (2020, january 13,). The glucocorticoid receptor–FKBP51 complex contributes to fear conditioning and posttraumatic stress disorder. Ricavato il 18 ottobre 2020, dal Journal of Clinical Investigation https://www.jci.org/articles/view/130363

Laxminarayan S, Wang C, Oyama T, Cashmere JD, Germain A and Reifman J (2020) Identification of Veterans With PTSD Based on EEG Features Collected During Sleep. *Front. Psychiatry* 11:532623. doi: 10.3389/fpsyt.2020.532623

Ross, M.C., Sartin-Tarm, A.S., Letkiewicz, A.M. *et al.* Distinct cortical thickness correlates of early life trauma exposure and posttraumatic stress disorder are shared among adolescent and adult females with interpersonal violence exposure. *Neuropsychopharmacol.* (2020). https://doi.org/10.1038/s41386-020-00918-y

Wang, X., Xie, H., Chen, T. *et al.* Anomalie del volume corticale nel disturbo da stress post-traumatico: una mega-analisi del gruppo di lavoro sul disturbo da stress post-traumatico del consorzio genomico psichiatrico ENIGMA. *Mol Psychiatry* (2020). https://doi.org/10.1038/s41380-020-00967-1

Weathers, F. W., Bovin, M. J., Lee, D. J., Sloan, D. M., Schnurr, P. P., Kaloupek, D. Et al. (2018). The Clinician-Administered PTSD Scale for DSM-5 (CAPS-5): Development and initial psychometric evaluation in military Veterans. *Psychological Assessment, 30,* 383-395. doi:10.1037/pas0000486

Yang, R., Gautam, A., Getnet, D. *et al.* Epigenetic biotypes of post-traumatic stress disorder in war-zone exposed veteran and active duty males. *Mol Psychiatry* (2020). https://doi.org/10.1038/s41380-020-00966-2

Síndrome de Burnout

¿Qué es el burnout?

El síndrome de Burnout es frecuente en las profesiones de ayuda, asistencia y enfermería. La palabra burnout, que significa "quemado", fue acuñada en los años 70 por Freudenberg y describe claramente una situación en la que el cuidador, al encontrarse en una situación de estrés laboral y personal, comienza a sentir los problemas del usuario como propios y a percibir una discrepancia entre las peticiones de ayuda y los recursos disponibles. Esto provoca una considerable cantidad de ansiedad y una fuerte sensación de impotencia que lleva a creer que no se puede hacer nada para gestionar los acontecimientos en curso. La frustración resultante se manifiesta con actitudes agresivas, apatía e indiferencia. Además, la excesiva implicación interior, provocada también por la dificultad de distinguir los límites entre la profesión y la vida privada, conduce a un rápido agotamiento psicofísico y emocional con evidentes repercusiones negativas en la calidad de las relaciones y la capacidad de trabajo del individuo.

¿Cuál es la causa del burnout?

Desde hace tiempo se sabe que el estrés provocado por las condiciones particulares en las que un individuo debe desempeñar su trabajo está en el origen del síndrome de Burnout. El estrés es una respuesta fisiológica de nuestro organismo que tiende a adaptarse al entorno preparándose para actuar ante una amenaza o para aprovechar las oportunidades. Los mecanismos por los que el estrés determina el agotamiento de los recursos psicofísicos no son del todo conocidos y representan un tema en el que la investigación está especialmente interesada, dada la importancia que nuestro ordenamiento jurídico atribuye a la salud de los trabajadores en el lugar de trabajo. En este sentido, un estudio (Bakusic et al, 2020) publicado recientemente en la revista Translational Psychiatry investigó el papel del factor neurotrófico derivado del cerebro (BDNF) en la neurobiología de este síndrome. El BDNF es una neurotrofina que desempeña un papel muy importante en el proceso de adaptación fisiológica a los acontecimientos estresantes, ya que promueve la supervivencia y la producción de neuronas y la activación de los procesos de neuroplasticidad. Según los expertos, trabajar durante mucho tiempo en condiciones difíciles conduce a una sobreproducción de hormonas (en particular de cortisol) que puede inducir un cambio en la expresión del gen responsable de la producción de BDNF. La continuación de la deficiencia de esta nurotrofina puede ser la causa de la atrofia o de los cortocircuitos en las áreas de la corteza cerebral responsables de la gestión de los procesos cognitivos/afectivos y determinar así la manifestación de la apatía, la agresividad, la depresión, la desmotivación, la culpabilidad por no poder realizar adecuadamente sus tareas laborales.

¿Cómo se puede intervenir?

La investigación científica de los últimos años ha verificado que el Burnout puede aumentar el riesgo de enfermedades cardíacas y de naturaleza somática (von Känel & al, 2020) haciendo más austero el complejo entramado que contribuye a desgastar los recursos psicofísicos y sociales del individuo. Por ello, es muy importante desarrollar estrategias que permitan al trabajador afrontar los problemas, los posibles eventos adversos y sus consecuencias. Por lo tanto, es útil organizar intervenciones integradas que faciliten el seguimiento de las condiciones de salud del trabajador (Hall & al, 2003), para promover su bienestar y prevenir su angustia a través del mantenimiento de un estilo de vida activo y saludable, el desarrollo de habilidades psicosociales (entrenamiento de habilidades), el refuerzo de los factores de protección individuales y la resiliencia de la unidad familiar (Munnangi & al, 2018). Además, la prevención del Burnout se basa en la creencia del individuo de que puede rendir de forma eficiente y eficaz en el trabajo incluso en condiciones especialmente difíciles (Zhang & al, 2020). Por ello, es útil fomentar la actualización profesional, apoyar el consenso o el reconocimiento social atribuido a la categoría profesional específica, promover la mejora de la comunicación (Lee & al, 2007) y de las condiciones de trabajo, aumentar las habilidades/capacidades de los líderes (Imai & al, 2010) y la actitud del grupo para trabajar en equipo, así como reconocer los esfuerzos/riesgos incurridos y asegurar una remuneración adecuada (Martinese & al, 2009).

BIBLIOGRAFÍA

Baiocco, R., Crea G., Laghi, F., Provenzano, L., Il rischio psicosociale nelle professioni d'aiuto. La sindrome del burnout negli operatori sociali, medici, infermieri, psicologi e religiosi, Erickson, Trento, 2004.

Bakusic, J., Ghosh, M., Polli, A., Bekaert, B., Schaufeli, W., Claes, S. & Godderis, L. (2020, October 19) Epigenetic perspective on the role of brain-derived neurotrophic factor in burnout. Ricavato il 14 novembre 2020 dalla rivista *Translational Psychiatry* 10, Article number: 354 (2020).

Del Rio, G., *Stress e lavoro nei servizi. Sintomi, cause e rimedi del Burnout*, La Nuova Italia Scientifica, Roma, 1990.

D'Urso, G. e Rucco, G., Guida informativa per la prevenzione e la gestione dello stress e dei disturbi correlati nell'ambito della professione veterinaria. Passerino Editore, 2019.

D'Urso, G. e Corona, P.F., Resilienza. Il ruolo della resilienza nel settore delle risorse umane. Rivista Informazioni della Difesa n. 4-2020.

Garg, P.K., Claxton, J'N.S., Soliman, E.Z., Chen, L.Y., Lewis, T.T., Mosley, T., Alonso, Jr., A. (2020, January 13). Associations of anger, vital exhaustion, anti-depressant use, and poor social ties with incident atrial fibrillation: The Atherosclerosis Risk in Communities Study. Ricavato il 14 novembre 2020 dall'European Journal of Preventive Cardiology.

Hall LM, Angus J, Peter E, O'Brien-Pallas L, Wynn F, Donner G. Media portrayal of nurses' perspectives and concerns in the SARS crisis in Toronto. *J Nurs Scholarship*. (2003) 35:211–6. doi: 10.1111/j.1547-5069.2003.00211.x

Imai H, Matsuishi K, Ito A, Mouri K, Kitamura N, Akimoto K, et al. Factors associated with motivation and hesitation to work among health professionals during a public crisis: a cross sectional study of hospital workers in Japan during the pandemic (H1N1) 2009. *BMC Public Health*. (2010) 10:672. doi: 10.1186/1471-2458-10-672

Lancaster, D., Burnout, Compassion Fatigue, and Vicarious Trauma: A Brief for Administrators, Physicians, and Human Service Workers. Edizione del Kindle.

Lee AM, Wong JG, McAlonan GM, Cheung V, Cheung C, Sham PC, et al. Stress and psychological distress among SARS survivors 1 year after the outbreak. *Can J Psychiat*. (2007) 52:233–40. doi: 10.1177/070674370705200405

Martinese F, Keijzers G, Grant S, Lind J. How would Australian hospital staff react to an avian influenza admission, or an influenza pandemic? *Emerg Med Australas*. (2009) 21:12–24. doi: 10.1111/j.1742-6723.2008.01143.x

Munnangi S, Dupiton L, Boutin A, Angus LDG. Burnout, perceived stress, and job satisfaction among trauma nurses at a Level I safety-net trauma center. *J Trauma Nurs.* (2018) 25:4–13. doi: 10.1097/JTN.0000000000000335

von Känel, R., Princip, M., Holzgang, S.A., Fuchs, W.J., van Nuffel, M., Pazhenkottil, A.P., & Spiller T.R.. (2020, October 28) Relationship between job burnout and somatic diseases: a network analysis. Ricavato il 14 novembre 2020 dalla rivista *Scientific Reports* 10, Article number: 18438 (2020)

Zhang Y, Wang C, Pan W, Zheng J, Gao J, Huang X, Cai S, Zhai Y, Latour JM and Zhu C (2020) Stress, Burnout, and Coping Strategies of Frontline Nurses During the COVID-19 Epidemic in Wuhan and Shanghai, China. *Front. Psychiatry* 11:565520. doi: 10.3389/fpsyt.2020.565520

La schizophrenia

¿Qué es la schizophrenia?

La schizophrenia es un término introducido por Eugen Bleuler para describir un amplio grupo de psicosis cuyo rasgo psicopatológico característico era un proceso de disociación que estaba en el origen de las perturbaciones en la organización del pensamiento, la afectividad y la interacción entre el yo y el entorno.

Es una patología psiquiátrica muy compleja y sutil porque construye su propia estructura compleja, actuando silenciosamente en los años que preceden a la aparición. Su plena manifestación se produce entre los 18 y los 28 años, de forma repentina o antes de un periodo en el que la persona tiende a aislarse, a mostrar menos interés por el mundo que le rodea y por las relaciones sociales y afectivas, y acaba perdiendo el trabajo o abandonando los estudios.

Los datos que publica periódicamente la Organización Mundial de la Salud revelan que esta enfermedad afecta a unos 24 millones de personas en el mundo (a partes iguales entre hombres y mujeres), aunque las mujeres suelen enfermar a una edad más avanzada.

¿Cuáles son los factores de riesgo?

El riesgo de enfermar es mayor en presencia de factores bioquímicos (por ejemplo, alteraciones del metabolismo y producción de sustancias tóxicas endógenas), constitucionales, de personalidad (por ejemplo, dificultad para reaccionar a los estímulos o al estrés), familiares, sociales, psicodinámicos y tóxicos/traumáticos.

Un estudio reciente (Yang & al, 2020) destacó el papel del factor de diferenciación del crecimiento 11 (GDF-11) en la patogénesis de la esquizofrenia y los trastornos cognitivos relacionados (Van & Kapur, 2009).

El GDF-11 es una proteína que ha despertado mucho interés en el mundo de la investigación desde 2005, cuando algunos investigadores de la Universidad de Standford comenzaron a describir sus beneficios en las células hepáticas y en las células madre óseas (Conboy & al, 2005). Desde entonces, su papel en el desarrollo (Schafer & al, 2019) y funcionamiento del sistema nervioso central (Rochette & al, 2019), en los procesos de neurogénesis (Chi & al 2011) y diferenciación de nuevas células cerebrales (Ma & al, 2018) así como en la mejora de la vascularización de la corteza (Katsimpardi & al,

2014), el funcionamiento del hipocampo (Ozek & al, 2018) y en los procesos de neuroinflamación (Takaki & al, 2012 y Al Awabdh & al, 2016) estando esta proteína directamente implicada en la regulación del funcionamiento de los astrocitos.

Este cuadro de situación llevó a los investigadores chinos (Yang & al, 2020) a creer que el desarrollo neurológico anormal que caracterizaba a los 87 pacientes examinados podía estar determinado por la disminución de los niveles plasmáticos de GDF-11 encontrada durante las investigaciones. Esta deficiencia, a la luz de los conocimientos actuales, también contribuiría al estado neuroinflamatorio, favoreciendo la aparición del complejo cuadro sintomatológico de carácter psicótico y cognitivo (incluyendo el aprendizaje del lenguaje, la memoria visual, la atención, la velocidad de procesamiento, la memoria de trabajo y las funciones ejecutivas) que caracterizan a la enfermedad (Lencz & al, 2006).

Come avviene la diagnosi?

El diagnóstico se realiza constatando, mediante el uso de herramientas de evaluación como la de Síntomas Esquizofrénicos Positivos y Negativos (PANSS), la presencia de los criterios recogidos en el Manual Diagnóstico y Estadístico de los Trastornos Mentales (APA, 2013) que incluye entre los rasgos característicos:

- **delirios** que son creencias, sostenidas incluso en presencia de pruebas contradictorias, que tienen un contenido temático de persecución, de grandeza, religioso y que determinan la idea de que se producirá un acontecimiento catastrófico;

- **alucinaciones sensoriales** que se producen como experiencias perceptivas que escapan al control voluntario y no están determinadas por ningún estímulo externo;

- **pensamiento desorganizado** que es típico del individuo que no es capaz de mantener la coherencia en lo que dice, tendiendo a pasar de un argumento a otro;

- **comportamiento motor desorganizado o anormal** caracterizado por una disminución de la reactividad al entorno (comportamiento catatónico) o por estados de agitación imprevisibles;

- **síntomas negativos** que incluyen una disminución o dificultad para expresar emociones, para ser espontáneo, para la producción verbal, para sentir placer en presencia de estímulos positivos y para sentir interés en las interacciones sociales.

La sintomatología descrita por el DSM-5 debe persistir durante al menos 6 meses. Además, al menos 2 de los rasgos característicos (incluyendo 1 de los delirios, alucinaciones y pensamiento desorganizado) deben ser detectables durante al menos 1 mes. Esta situación debe ser no atribuible a otro trastorno mental, no atribuible a los efectos fisiológicos de una sustancia (droga, medicamento) u otra condición médica y debe causar un malestar significativo que afecte negativamente al trabajo, a la calidad de las relaciones interpersonales o al autocuidado.

La evolución de la enfermedad varía de un individuo a otro y depende de la fuerza de los recursos personales y sociales a los que el sujeto puede recurrir en el proceso de remisión. Desgraciadamente, en los casos en los que la experiencia esquizofrénica está determinada por factores que han actuado a lo largo del tiempo, el pronóstico suele ser desfavorable porque la enfermedad se vuelve crónica y provoca un deterioro progresivo de la personalidad.

¿Cuál es el tratamiento?

La **schizophrenia** se trata con intervenciones psicoterapéuticas, de rehabilitación y farmacológicas.

En particular, la fase aguda de la enfermedad requiere la intervención médica psiquiátrica para identificar el tratamiento farmacológico más adecuado y controlar los posibles efectos adversos. De hecho, algunos fármacos psicóticos pueden provocar graves trastornos del movimiento (como temblores, ralentización y rigidez) que obligan a interrumpir el tratamiento. En este sentido, un reciente estudio (Ramírez-Jarquín et al. 2020) publicado en la revista Translational Psychiatry ha conseguido explicar el origen de estos problemas en pacientes en tratamiento con haloperidol. Las investigaciones realizadas por los investigadores han permitido comprobar que estos problemas están causados por un cortocircuito inducido por la enzima mTOR en una zona del cerebro llamada cuerpo estriado. Según los expertos, existe, por tanto, un mecanismo que vincula los trastornos mentales con los motores (bradicinesia de tipo parkinsoniano). Esto último puede prevenirse mediante el uso de un fármaco llamado rapamicina, muy utilizado contra el rechazo de órganos trasplantados, que desactivaría la enzima mTOR.

Además, el uso de algunos antipsicóticos atípicos (olanzapina o clozapina) puede inducir una menor expresión del gen SIRT1 que, en sistema con el consiguiente aumento de los niveles de interleucina 6 (una molécula proteica producida en altas concentraciones en presencia de grasa visceral), puede exponer a los pacientes a un mayor riesgo de desarrollar un síndrome metabólico (Fang & al, 2020). Este síndrome contribuye al deterioro de la función cognitiva, al agravamiento de la enfermedad (Grover et al, 2019) con la consiguiente disminución de la esperanza de vida y el aumento de las tasas de mortalidad (Olfson & al, 2015).

Por lo tanto, es importante ampliar el frente de la investigación farmacológica para mejorar la tolerabilidad de las terapias antipsicóticas e identificar estrategias que permitan a los pacientes mantener una mejor calidad de vida en el tiempo.

La intervención del psicólogo, sin embargo, puede situarse en la fase de consolidación y mantenimiento donde el tratamiento farmacológico puede ser útil para flanquear:

1. terapias cognitivo-conductuales útiles para desarrollar habilidades básicas (por ejemplo, cuidados personales como lavarse y vestirse) y sociales (entrenamiento de habilidades sociales), así como el control de comportamientos relacionados con formas de agresión, autolesiones, hiperactividad, estereotipias;

2. rehabilitación de los procesos necesarios para superar las dificultades de atención, memoria y realización de tareas;

3. intervenciones:

- psicoeducación con el objetivo de enseñar a los familiares y a los pacientes a reconocer las manifestaciones de la enfermedad y los signos de una posible recaída;

- orientados a desarrollar las habilidades necesarias para convivir con el estrés y protegerse de sus consecuencias;

- orientada a aumentar la resiliencia familiar, que representa un factor de protección muy importante para el paciente durante el proceso de rehabilitación.

BIBLIOGRAFÍA

Al Awabdh, S., Gupta-Agarwal, S., Sheehan, D.F., Muir, J., Norkett, R., Twelvetrees, A.E. et al. Neuronal activity mediated regulation of glutamate transporter GLT-1 surface diffusion in rat astrocytes in dissociated and slice cultures. *Glia.* (2016) 64:1252–64. doi: 10.1002/glia.22997

American Psychiatric Association (2013): Diagnostic and Statistical Manual of Mental Disorders, Washington, DC, American Psychiatric Assossation (5th ed.). Trad. it. DSM5: manuale diagnostico e statistico dei disturbi mentali, Milano, Raffaello Cortina Editore, 2014.

Alan S. Bellack; Kim Mueser; Susan Gingerich; Julie Agresta (2003). Social Skill Training per il trattamento della schizofrenia, Centro Scientifico Editore, Torino.

Beck, A.T., (1976). Cognitive therapy and the emotional disorders. International Universities Press, New York. Citato in Tai S. Turkington (2009).

Conboy, I., Conboy, M., Wagers, A. *et al.* Rejuvenation of aged progenitor cells by exposure to a young systemic environment. *Nature* **433,** 760–764 (2005). https://doi.org/10.1038/nature03260

Fang X., Yu L., Wang D., Chen Y., Wang Y., Wu Z., Liu R., Ren J., Tang W. and Zhang C . (2020) Association Between SIRT1, Cytokines, and Metabolic Syndrome in Schizophrenia Patients With Olanzapine or Clozapine Monotherapy. *Front. Psychiatry* 11:602121. doi: 10.3389/fpsyt.2020.602121

Grover S., Padmavati R., Sahoo S., Gopal S., Nehra R., Ganesh A., et al. Relationship of metabolic syndrome and neurocognitive deficits in patients with schizophrenia. *Psychiatry Res.* (2019) 278:56–64. doi: 10.1016/j.psychres.2019.05.023

Katsimpardi L, Litterman NK, Schein PA, Miller CM, Loffredo FS, Wojtkiewicz GR, et al. Vascular and neurogenic rejuvenation of the aging mouse brain by young systemic factors. *Science.* (2014) 344:630–4. doi: 10.1126/science.1251141

Invernizzi, G. (2006). Manuale di psichiatria e psicologia clinica. McGraw-Hill, Milano.

Ma J, Zhang L, Niu T, Ai C, Jia G, Jin X, et al. Growth differentiation factor 11 improves neurobehavioral recovery and stimulates angiogenesis in rats subjected to cerebral ischemia/reperfusion. *Brain Res Bull.* (2018) 139:38–47. doi:

Lencz T, Smith CW, Mclaughlin D, Auther A, Nakayama E, Hovey L, et al. Generalized and specific neurocognitive deficits in prodromal schizophrenia. *Biol Psychiatry.* (2006) 59:863–71. doi: 10.1016/j.biopsych.2005.09.005

Moreschi, C. (2009). Trattamento dei sintomi positivi della schizofrenia, N.3, pp. 66-91.

Ozek C, Krolewski RC, Buchanan SM, Rubin LL. Growth differentiation factor 11 treatment leads to neuronal and vascular improvements in the hippocampus of aged mice. *Sci Rep.* (2018) 8:17293. doi: 10.1038/s41598-018-35716-6

Olfson M., Gerhard T., Huang C., Crystal S., Stroup T.S., Premature mortality among adults with schizophrenia in the United States. *JAMA Psychiatry.* (2015) 72:1172–81. doi: 10.1001/jamapsychiatry.2015.1737

Pedersen, T. (2017). Memory Impairment Begins Early in Schizophrenia and May Worsen. Psych Central. Retrieved on September 23, 2017, from https://psychcentral.com/news/2017/07/16/memory-impairment-begins-early-in-schizophrenia-and-may-worsen/123277.html

Ramírez-Jarquín, U. N., Shahani, N., Pryor, W., Usiello A. & Subramaniam S. (2020, October 02), The mammalian target of rapamycin (mTOR) kinase mediates haloperidol-induced cataleptic behavior. Ricavato il 7 novembre 2020, da Translational Psychiatry 10, Article number: 336 (2020).

Ritsner, M., Ben-Avi, I., Ponizovsky, A., Timinsky, I., Bistrov, E., & Modai, I. (2003). Quality of life and coping with schizophrenia symptoms. Quality of life research, 12(1), 1-9.

Rochette L, Malka G. Neuroprotective Potential of GDF11: myth or reality? *Int J Mol Sci.* (2019) 20:356. doi: 10.3390/ijms20143563

Schafer, MJ, Lebrasseur, NK.. The influence of GDF11 on brain fate and function. *Geroence.* (2019) 41:1–11. doi: 10.1007/s11357-019-00054-6

Shi, Y., Liu, JP. Gdf11 facilitates temporal progression of neurogenesis in the developing spinal cord. *J Neurosci.* (2011) 31:883–93. doi: 10.1523/JNEUROSCI.2394-10.2011

Takaki, J., Fujimori, K., Miura, M., Suzuki, T., Sekino, Y., Sato, K.. L-glutamate released from activated microglia downregulates astrocytic L-glutamate transporter expression in neuroinflammation: the 'collusion' hypothesis for increased extracellular L-glutamate concentration in neuroinflammation. J Neuroinflammation. 2012 Dec 23;9:275. doi: 10.1186/1742-2094-9-275. PMID: 23259598; PMCID: PMC3575281.

Yang, Z-x., Zhan, J-q., Xiong, J-w., Wei, B., Fu, Y-h., Liu, Z-p., Tu Y-t., Yang, Y-j. and Wan, A-l., (2020) Decreased Plasma Levels of Growth Differentiation Factor 11 in Patients With Schizophrenia: Correlation With Psychopathology and Cognition. *Front. Psychiatry* 11:555133. doi: 10.3389/fpsyt.2020.555133

Van OJ, Kapur S. Schizophrenia. *Lancet.* (2009) 374:635–45. doi: 10.1016/S0140-6736(09)60995-8

Zhang, Y., Wei, Y., Liu, D., Liu, F., Chen, D., Role of growth differentiation factor 11 in development, physiology and disease. *Oncotarget.* (2017) 8:81604–16. doi: 10.18632/oncotarget.20258

El suicidio

El suicidio es un acto intencionado por el que un individuo decide quitarse la vida. Esta acción, que según la Organización Mundial de la Salud es una de las principales causas de muerte en el mundo, tiene una fenomenología multidimensional y multideterminada ya que está ligada a variables psicológicas, psiquiátricas, biológicas y sociales que contribuyen a hacer compleja su definición exhaustiva.

A lo largo del tiempo ha habido muchas teorías que han tratado de explicar la etiología y los mecanismos de funcionamiento, con el fin de identificar estrategias de prevención, apoyo y tratamiento. Hasta ahora se ha podido aclarar que el suicidio puede:

- tienen un carácter emocional o ideológico (Douglas, 1967);

- estar motivado por causas externas como el duelo o el fracaso profesional;

- ser atribuible a una experiencia de soledad, de pérdida de autoestima, de falta de expectativas de futuro y de fracaso de un proyecto en la base de la propia existencia (Beck,

1988), así como a la percepción de ser una carga para los demás y de no poder aplicar los cambios necesarios para remediar una situación que se vive como problemática;

- estar relacionados con desórdenes del sueño o comportamientos de riesgo causados por desórdenes psiquiátricos de naturaleza depresiva y postraumática o ser atribuibles a la esquizofrenia y a la adicción a las drogas.

A pesar de los resultados obtenidos, los complejos mecanismos que pueden llevar a un individuo a quitarse la vida voluntariamente no se comprenden del todo y los procedimientos en uso pueden no ser tan eficaces como para que la acción suicida pueda ser planificada, probada y ejecutada a pesar de las medidas de protección adoptadas. Esta situación ha propiciado el desarrollo de una serie de estudios dirigidos a analizar los procesos neurobiológicos que, en sistema con la exposición a un entorno complejo, pueden contribuir a aumentar la vulnerabilidad e impulsividad del individuo, a modificar su conducta y equilibrio emocional hasta exponerlo a un mayor riesgo de muerte por suicidio. A este respecto, una reciente revisión de las principales investigaciones sobre el tema (Baharikhoob y Kolla, 2020) ha puesto de relieve que una predisposición o vulnerabilidad (diátesis) al estrés psicosocial puede dar lugar a una reacción neuroinflamatoria que podría desempeñar un papel importante en la etiología del suicidio. En concreto, según los investigadores canadienses, la exposición crónica a situaciones de estrés provocaría una activación anormal de la microglía (macrófagos presentes en el sistema nervioso central) y la consiguiente producción de estímulos inflamatorios (citoquinas inflamatorias). La continuación de esta situación tendría repercusiones en cascada sobre el metabolismo del triptófano que, tras la inducción de las enzimas IDO (indolamina 2,3-dioxigenasa) y TDO (triptófano 2,3-dioxigenasa), aumentaría la producción de metabolitos de quinurenina, limitando la de serotonina. El aumento de la prevalencia del ácido quinolínico induciría, por tanto, una situación de neurotoxicidad (Meier & al, 2018) que podría explicar las disfunciones encontradas en las áreas de la corteza cerebral responsables de la gestión del estado de ánimo, la calidad del sueño, las funciones cognitivas y el aprendizaje, aumentando la propensión del individuo a la impulsividad y su mayor exposición al riesgo de suicidio.

Aunque estas conclusiones merecen ser investigadas más a fondo para confirmarlas mediante la replicación de los fenómenos observados, cada vez es más necesario desarrollar estrategias integradas de intervención que permitan abordar esta compleja cuestión en varios frentes. En concreto, la prevención requiere intervenciones de carácter psicosocial que tengan en cuenta los posibles factores de riesgo en el contexto social, económico y relacional del sujeto. A este respecto, puede ser útil planificar intervenciones, también en el entorno escolar o en el lugar de trabajo, destinadas a:

- modificar los comportamientos y hábitos orientándolos hacia un estilo de vida saludable. En esta perspectiva, se debe fomentar la práctica de una actividad deportiva, la higiene del sueño, pasar tiempo al aire libre y una dieta adecuada;

- mejorar la capacidad de gestionar el estrés y las emociones, proporcionando actividades de juego de rol que permitan al individuo experimentar en un entorno protegido situaciones difíciles, poniendo a prueba sus habilidades y la validez de las estrategias aprendidas con la ayuda del psicólogo;

- reforzar los factores de protección individual y social (con especial referencia a la dinámica familiar);

- aumentar la capacidad de escucha activa y de comunicación eficaz. La comunicación es, de hecho, un facilitador de las relaciones;

- hacer más eficaz el liderazgo, ampliando la capacidad de evaluar la situación y de tomar las medidas necesarias para aprovechar al máximo los recursos humanos, materiales y financieros disponibles para la consecución de un objetivo;

- ampliar el conocimiento de las redes territoriales capaces de proporcionar apoyo en momentos de especial dificultad o en situaciones de aislamiento social. En este sentido, es cada vez más importante desarrollar una conciencia común que permita romper prejuicios y facilitar el acceso a los servicios o la derivación a un especialista.

Por último, es posible creer que es esencial abordar el fenómeno del suicidio con un enfoque biopsicosocial. Esto puede contribuir al desarrollo de estrategias más efectivas para el manejo del paciente, ya que están dirigidas, incluso en situaciones de crisis como la resultante de la pandemia de COVID-19, a su completo bienestar físico, mental y social.

BIBLIOGRAFIA

Baharikhoob P and Kolla NJ (2020) *Microglial Dysregulation and Suicidality: A Stress-Diathesis Perspective. Front. Psychiatry* 11:781. doi: 10.3389/fpsyt.2020.00781

Beck A.T., *Principi di terapia cognitiva. Un approccio nuovo alla cura dei disturbi affettivi,* Astrolabio, Roma 1988

Douglas J.D., *The social meanings of suicide,* Princepton University Press, Priceton, New Jersey, 1967.

Marx, W., McGuinness, A.J., Rocks, T. *et al. The kynurenine pathway in major depressive disorder, bipolar disorder, and schizophrenia: a meta-analysis of 101 studies. Mol Psychiatry* (2020). https://doi.org/10.1038/s41380-020-00951-9

EL AUTOR

Dott. Giacinto D'URSO se ocupa de la gestión de los recursos humanos. Tiene un título en Ciencias Políticas, Diplomáticas e Internacionales, Derecho y Psicología, así como varios másteres universitarios de primer nivel, entre ellos uno en Gestión y Administración de Recursos Humanos.

Bibliografia e-book

D'Urso, G., Rucco, G., Guida informativa per la prevenzione e la gestione dello stress e dei disturbi correlati nell'ambito della professione veterinaria. Passerino Editore, 2019.

D'Urso, G., Il duplice ruolo de sonno nell'ambito del disturbo da stress post traumatico. Passerino Editore Ed. 2019.

D'Urso, G., COVID-19. Andrà tutto bene. Come superare l'emergenza restando a casa. Passerino Editore Ed. Marzo 2020.

D'Urso, G., Iovinella, S., La vita incomincia domani. Le vicende della seconda guerra mondiale vissute e raccontate da un Soldato Italiano. Passerino Editore 2019

Bibliografia articoli

D'Urso, G., Colaninno, C., Generazione Z e Millenials tra nuove sfide e opportunità. Rivista Militare n. 1/2020

D'Urso, G., Disturbo da stress post traumatico. Rivista Informazioni della Difesa n. 5-2019.

D'Urso, G. e Corona, P.F., Resilienza. Il ruolo della resilienza nel settore delle risorse umane. Rivista Informazioni della Difesa n. 4-2020.

Blog: In viaggio verso Itaca